CW00447932

MONTAÑAS A TRAVÉS DE UN OBJETIVO
-1-
ASIA

Título: Montañas a través de un objetivo -1-. ASIA
© 2022 Juan Luis Salcedo Miranda
1ª edición: enero de 2022
© Fotografías: Colección Juan Luis Salcedo Miranda
© Diseño de portada: Juan Luis Salcedo Miranda

Cualquier forma de reproducción, distribución, comunicación pública o transformación de la obra solo puede ser realizada con la autorización de su titular, salvo excepción prevista por la ley.

MONTAÑAS A TRAVÉS DE UN OBJETIVO

-1-

ASIA

NEPAL, TÍBET, INDIA, INDONESIA, JORDANIA, EGIPTO, TAILANDIA, TURQUÍA, JAPÓN, IRÁN

Juan Luis Salcedo Miranda

A Gerardo, que con año y medio anduvo con sus padres
por las laderas del monte Fuji y desde entonces
no ha parado de caminar por las montañas y
subirse a todas las piedras que encuentra en el camino

ÍNDICE

INTRODUCCIÓN

Mi primer contacto con la cordillera del Himalaya, fue a través del comic de Tintín (Tintín en el Tíbet Hergé 1960). Aquellos dibujos de Hergé en el que describían espacios limpios, horizontes de nieve, el abominable hombre de las nieves y los lamas, me abrieron las ganas de viajar a aquel exótico lugar, aunque todos los cómics de Tintín me atraían, por sus aventuras en los lugares más dispares de la tierra.

A finales de los años sesenta comencé mi andadura por las montañas y la escalada, no obstante, estaba muy lejos de pensar en ir al remoto Himalaya. Eran los años en los que las expediciones españolas comenzaban a realizar las primeras ascensiones en el Hindú Kush.

No fue hasta el año 1990 cuando viajé por primera vez a Nepal en un invierno templado, para contratar los servicios de una agencia nepalesa que nos facilitaría para unos meses más tarde, la infraestructura para una expedición al Everest por la vertiente tibetana. Ese fue el comienzo de mis viajes al Himalaya, que me proporcionó el conocimiento de sus habitantes y parte de la geografía de la India, Tíbet y Nepal. El desarrollo de estas expediciones ya los describí en varios libros publicados ("Hacia los más alto", "Sueños", "La montaña como pretexto", "Por las Montañas", "El Everest, las tres vertientes")

En el presente libro pretendo hacer disfrutar al lector de los paisajes que he tenido el placer de contemplar, a través de los ojos de un aficionado a la fotografía del Himalaya y de varias montañas interesantes de otros países de Asia.

1.- Estupa de Boudhanath. Katmandú, febrero de 1990

NEPAL -1990-

La fotografía (1) está tomada en el año 1990, en el primer viaje que realicé a Nepal, en un mes de febrero.

El contacto con Katmandú impacta a los que pisan por primera vez Nepal. La capital que descubrí no se parecía a ninguna otra, tenía una personalidad acogedora, los edificios eran un auténtico museo tallado en madera. Los newars, los primitivos habitantes del valle de Katmandú, artesanos de acusada sensibilidad, han dejado muestras por doquier en la antigua capital Bagdaon, en Patán y Katmandú; templos, pagodas y palacios medianamente conservados siguen vivos entre sus habitantes.

La foto está sacada en Boudinath, la gran estupa que circunvalan los fieles budistas en una kora interminable. El recogimiento del monje me llamó la atención en aquella mañana con poco ajetreo en el complejo sagrado. La figura del monje, es un punto de color en la estupa blanca.

Los turistas éramos pronto asimilados entre el bullicio de las calles. Sentarse en lo alto de un templo y contemplar ese abigarrado mosaico de etnias y vestimentas me hizo meditar sobre el concepto de regionalismos agresivos y nacionalismos victimitas intransigentes. Nepal con más de ciento veinte lenguas, de las que diecinueve tienen más de 100.000 hablantes, media docena de religiones y otras tantas razas, da un ejemplo de convivencia pacífica, de respeto por el vecino que bien podría aprender la atormentada Europa. Aunque aquella paz se acabó en el año 1996 con la guerra que los rebeldes maoístas mantuvieron durante diez años, con un saldo de más de 12.000 muertos.

2.- Patshupatinath, Katmandú agosto de 1990

EVEREST VERTIENTE NORTE -1990-

Unos meses después de ese primer encuentro con Nepal, regresé a Katmandú, preparado para la que iba a ser la expedición a la montaña más alta de la tierra, siendo un gran desafío alpino en aquel momento.

Katmandú me volvió a impactar, su población y el ambiente que se respiraba en sus calles.

La visita que realicé a Patshupatinath me impresionó nuevamente, nunca había visto una cremación. En la foto (2) aparece un hijo de la difunta a la que iban a incinerar. El hijo menor, un brahmán al que se le distingue por el cordón que le atraviesa el dorso, se había rapado la cabeza, dejándose un mechón de pelo en la nuca en señal de luto. La posición acuclillada y la mirada perdida, denota la concentración de su mundo interior.

Pashupatinath es quizás el templo más interesante para los occidentales. Situado a orillas del río Bagmati, es un lugar sagrado de peregrinación y purificación. Sus aguas descienden puras de las montañas y van a parar —no tan puras— al sagrado Ganges. Sobre los Ghats se queman los cadáveres lanzándose las cenizas al río para que viajen con la corriente en su última purificación.

Variopintos yoguis y sadhus que han llegado caminando cientos de kilómetros desde la India, se alojan en ese amplio complejo de templos dedicados a Shiva en su representación de Patshupati y del Lingán como uno de los fundamentos primordiales de la vida.

3.- Camino de Kodari. Agosto de 1990

Nepal ilustra la paradoja de las defensas naturales que al tiempo que lo aíslan, forman una encrucijada de comunicaciones que facilitan la aproximación entre los pueblos y las culturas.

El país está situado en el centro de esa cadena montañosa que es el Himalaya, limitando por el norte con China. La frontera al Sur, Este y Oeste con la India. Su frontera natural corresponde a los picos más altos del Himalaya y a la jungla del Terai, lugar insalubre donde pululan animales salvajes e insectos dañinos, a menudo portadores de la malaria.

Nepal como estado tapón, rodeado por sus montañas inaccesibles, ha seguido siempre una política basculante entre las dos grandes potencias, China e India, asociándose como acto defensivo y según las épocas con uno y otro.

A pesar de la oleada turística, Nepal conserva su propia personalidad y justamente esto es lo que atrae al visitante: La simpatía sin sombra de servilismo de sus habitantes, sus costumbres, religión, vestimenta y educación. La mezcla de todas estas cualidades, lo hacen un país acogedor donde todavía se puede soñar admirando su paisaje.

La foto (3) en el verano del monzón descubre un entorno de vegetación frondosa con un verde intenso, contrastando con las mujeres que se afanan en los campos de arroz.

4.- Kodari 1990. Frontera norte de Nepal

En el año 1990 cruzar la frontera de Kodari camino de Tíbet, era toda una aventura. Barracones de madera donde vivían humildes familias de porteadores, distribuyéndose en hileras a ambos lados de la carretera de tierra. Veinticinco años más tarde la carretera ya estaba asfaltada, pero los corrimientos de tierra seguían interrumpiendo el tráfico con China.

Comprobé que la vida era muy dura para estas personas, un porteador dependía de su cuerpo para poder dar de comer a su familia, una lesión podía ser una tragedia y el terreno era muy malo como para no propiciar una torcedura o herida, sobre todo si se iba descalzo, como era el caso.

Las familias vivían hacinadas en los precarios barracones de la foto (4) y los niños jugaban sorteando el peligro, bajo los desprendimientos, la lluvia y el barro.

5.- Everest al atardecer.

El recorrido por el Tíbet hasta el campo base, lo realizamos por Xegar Zong y tuvimos algunos problemas para vadear el río Rongbuk, que en pleno monzón iba cargado de agua.

Llegamos por la tarde al C.B. y desde allí vimos asomarse entre las nubes el Everest, con ese tono anaranjado reflejando los últimos rayos del sol. Esa visión creo que nos abrumó a todos, pretendíamos subir a la cumbre y la veíamos imponente y lejana ¿Qué nos depararía la aventura?

Rápidamente saqué la máquina de fotos y disparé una serie de diapositivas, una de esas fotos sería la portada del libro "Hacia lo más alto" editado por Alonga en 1992.

En ese entorno era apropiada la frase de Rabindranath Tagore: "La tierra es insultada y ofrece sus flores como respuesta."

6.- Ofrenda de la puja, por el lama del monasterio de Rombuk.

Antes de comenzar la expedición, nuestro shirdar, el sherpa Chowang Rinjee, pidió al lama del monasterio de Rongbuk que subiese hasta el CB para realizar la puja preceptiva.

Aquella ceremonia en el desolado paisaje que nos rodeaba, observando la espiritualidad y el recogimiento que demostraban nuestros compañeros sherpas, creo que nos conmovió a todos. Nosotros también deseábamos que todo fuese bien y que no hubiese contratiempos, teníamos por delante un terreno desconocido y sabíamos que era peligroso.

La foto transmite el ambiente hostil de las montañas. La figura solitaria del lama potencia la imagen.

7.- Yaks por la morrena del glaciar Rongbuk, camino del CI

Después de unos días de breve aclimatación, salieron varios compañeros hacia el CB avanzado a 6.500 m. Lo realizarían en tres etapas que luego se convertirían en una, según fuésemos aclimatándonos.

Los vimos marchar animosos, era un grupo fuerte, eran los que mejor se habían aclimatado, y les despedimos con un poco de nostalgia, nos hubiera gustado subir con ellos, pero no todos estábamos bien.

Las fotografías 7 y 8 dan idea del difícil terreno por el que se camina.

En aquella expedición la soledad fue nuestra compañera, éramos la única expedición por la ruta China. Un privilegio del que ya no se disfruta, pero también se está solo para resolver los problemas cuando se presentan.

8.- Penitentes en el glaciar oriental de Rongbuk-

Para llegar al CB avanzado a 6.500 m debajo de la pared de Chang La, se sube por el glaciar oriental de Rongbuk hasta su cabecera. Todo el camino está sembrado de piedras que arrastra el glaciar y se puede llegar hasta esa altura con botas de trekking. En uno de sus tramos se camina entre grandes farallones de penitentes, el único paso posible.

Los penitentes, son unas curiosas formaciones de nieve que se encuentra a gran altitud formando torreones, como el caso de Rongbuk o delgadas y altas cuchillas de hielo endurecido muy próximas entre sí, creciendo sobre todo en áreas cubiertas por glaciares y nieve en los ambientes secos, siempre por encima de los 4.000 m. Varían en tamaño desde unos pocos centímetros a más de cinco metros.

9.- Pared de Chang La, por donde cayó el alud.

En la Pared del Chang La, se precipitó un alud de nieve sobre cinco de nuestros compañeros, dejando a tres sepultados en una profunda grieta y heridos a los dos que sobrevivieron.

Tres días antes partieron hacia el Campo III, Carlos, Rafa, Manolo y los sherpas, Chowang, Ang Sona, Badri y Lakpa.

Aquella tarde de viento y frío, mientras despedía a nuestros compañeros, levantando la mano desde lo alto de un montículo, un mal presentimiento aleteó en mi corazón. Tuve que hacer un esfuerzo para desecharlo, mientras veía como se alejaban por aquel glaciar inhóspito. Una fuerte laringitis minaba mi estado físico y no pude acompañarlos, pero no tenía que pasar nada, iban a montar los Campos II y III, allí nos esperarían al resto del grupo, que subiríamos más tarde.

La noticia del accidente nos dejó estupefactos, vi reflejados en las caras de mis compañeros el golpe recibido, estábamos grises.

Subimos corriendo a última hora de la tarde, mientras la noche iba cerrando la perspectiva y el camino y la ventisca se arremolina a nuestro alrededor. Subimos esa noche hasta el C1 y al día siguiente hasta el C3 al rescate de mi hermano Carlos y Chowang. Los bajamos hasta el CB y tratamos de asimilar la tragedia de nuestros tres compañeros enterrados

La muerte de deportistas en plenitud de la vida, es difícil de aceptar.

10.- Cara Norte del Everest. Agosto de 2011

En el año 2011 regresé a la vertiente Norte del Everest, era uno de los lugares que no pensaba volver después del accidente que padecimos, pero hay ocasiones en las circunstancias nos llevan a lugares que no sospechábamos.

El regreso me sirvió para desterrar aquellos malos recuerdos del año 1990. La compañía de mi mujer fue muy positiva y también los fueron el reducido grupo de amigos que compartieron el viaje.

El juego de luces del Everest apareciendo y ocultándose entre las nubes es algo espectacular, a lo largo de una buena jornada se pueden realizar instantáneas cada cinco minutos y el Everest nunca es igual.

El Everest emerge entre las nubes proporcionando una gran majestuosidad al paisaje.

11.- El aeropuerto de Lukla en 1992 con la estrecha pista
de tierra y piedras.

12.- Aeropuerto de Lukla en 2017 perfectamente asfaltado

EVEREST, VERTIENTE SUR -1992-

Dos años después de la expedición al Everest por el Tíbet, regresé al Everest por la vertiente Sur, mucho más humana que la vertiente norte.

Entonces había que llegar en avioneta al aeropuerto de Lukla, situado en un auténtico nido de águila, con una pista de tierra y piedras. Era la primera prueba para los que queríamos subir al Everest.

Veinticinco años después, la única diferencia es que la pista está asfaltada y hay más casas alrededor, pero sigue siendo un aeropuerto local peligroso. Desde hace años también trabajan helicópteros en la zona, una opción si se quiere uno librar de aterrizajes y despegues comprometidos.

13.- Antiguo puente Larche Dibhan, sobre el río Dudh Khosi.

El camino que va desde Lukla a Namche Bazar, en los veinticinco años transcurridos, ha mejorado. Se han renovado los puentes y ampliado camino. Se han construido más del doble de alojamientos y se ofrece muy buena comida en ellos. Esto ha conllevado también el considerable aumento de los precios y no solo para los turistas. Los habitantes de los pueblos del valle de Solo-Khumbu soportan esa inflación, con lo que ello implica a las economías que no viven del turismo.

La foto del antiguo puente Larche Dibhan, sobre el río Dudh Khosi, que todavía está en uso, la hice desde el puente nuevo, construido en paralelo un poco más arriba.

14.- Namche Bazar 1992

15.- Namche Bazar 25 años después.

En la fotografía (14) se pueden ver las casas que había en el año 1992 en Namche Bazar y la evolución en la densidad de edificaciones en el año 2017

Esta evolución ha elevado concentración de habitantes en la capital del valle de Khumbu con el encarecimiento de alojamientos y de los precios para su población.

Un censo de 1979 en el valle de Solo-Khumbu, dio una población aproximada de 3.500 sherpas. Namche Bazar su capital tenía 500 habitantes. Actualmente esa cifra se ha cuadruplicado con la llegada de inmigrantes de otras zonas, gurung, rais, tamang y limbus, para trabajar de porteadores.

16.- Estupa de Namche Bazar en 1992

17.- La Estupa fue derribada por el terremoto que asoló Nepal en el año 2015.

Cuando en el año 1992 nos despedíamos de la familia de Chowang, pasamos por la estupa de Namche Bazar, era el recuerdo fotográfico de aquella despedida. En el año 2017 la estupa se había derrumbado con el terremoto del año 2015.

En la foto (17) se contempla como han comenzado los trabajos de construcción de una nueva estupa.

18.- Pumori 7.161 m.

El Pumori es una montaña que impacta cuando se la descubre en la aproximación al CB del Everest. Además, no hay ninguna montaña por delante que dificulte su contemplación. Está situado en la frontera entre China y Nepal, a unos ocho kilómetros al oeste del Everest. Es la montaña que a cualquier alpinista le gustaría subir.

El Pumori fue bautizado con ese nombre por George Mallory durante las expediciones de reconocimiento al Everest en los años veinte. La primera ascensión al Pumori la realizó Gerhard Lenser el año 1962 como miembro de una expedición suizo-alemana. La ascensión al Pumori tiene una ruta que no es difícil, aunque si peligrosa por el riesgo de avalanchas, si lo comparamos con sus vecinos el Everest, Lhotse o Nuptse.

Una cima adyacente, el Kala Pattar (5.643 m), una gran formación marrón en la base de la impresionante cara Sur del Pumori, es una de las ascensiones clásicas de trekking para los senderistas que se acercan hasta el campo base del Everest. Las vistas desde el Kala Pattar del Everest, Lhotse y Nuptse son impresionantes si el tiempo lo permite.

19.- Cara Suroeste del Everest desde el Kala Pattar

Cuando se divisa el Everest desde la salida de Namche Bazar o cuando se sube al pueblo de Thame, no defrauda, pero cuando se contempla desde el Kala Pattar, impresiona profundamente. Es una gran montaña, y si la pretensión es escalarla, el sentimiento es mucho más impactante. En ese entorno se entiende el pensamiento del Lama Govinda que dice:

Para comprender la grandeza de una montaña, hay que saber guardar las distancias; para comprender su forma, hay que moverse a su alrededor;

Para experimentar sus estados de ánimo, hay que contemplarla al amanecer y al ocaso, a mediodía y a medianoche, bajo el sol y bajo la lluvia, bajo la nieve y bajo la tormenta, en verano y en invierno y en todas las demás estaciones.

Quien puede contemplar así la montaña se acerca a la vida de la montaña...

Las montañas crecen y decaen, respiran y tienen pulso de vida. Atraen y recogen energías invisibles de su entorno: Las fuerzas del aire, del agua, de la electricidad y del magnetismo; Generan vientos, nubes, tormentas, lluvias, cascadas y ríos. Colman su entorno de vida activa y brindan cobijo y alimento a innumerables seres.

Tal es la grandeza de las poderosas montañas.

Comenzaba mi segunda expedición al Everest, llegando un mes más tarde que mis compañeros a causa de una reciente operación.

20.- Campo Base bajo la nevada

He llegado a la consecuencia de que las expediciones a las grandes montañas, son una carrera de fondo. En el sentido de que hay que permanecer mucho tiempo en un territorio inhóspito y muy frío.

No solo eso, la altura castiga, hay que mantenerse muy en forma, comiendo lo necesario cuando no apetece, bebiendo más de lo acostumbrado, y luego sortear los peligros que encierra una gran montaña. Por eso los profesionales procuran aclimatar en otras montañas menos exigentes y permanecer el menor tiempo en las laderas del Everest.

En la foto aparece nuestro C.B. a 5.400 m en un día como otro cualquiera, sobre las dos de la tarde, cuando las nubes se elevan de los valles y llegan hasta los seis o siete mil metros. Entonces se ha acabado la jornada y hay que permanecer a cubierto.

21.- *Los aludes en las grandes montañas son una constante.*

Los aludes son una constante en las grandes montañas, prácticamente se producen todos los días y quien no los haya contemplado, no se hace la idea de la velocidad con la que pueden avanzar y del peligro mortal que los acompaña.

El alud de la foto llegó hasta el campamento llenando todo de nieve, desde lejos no parecía importante, pero fue aumentando hasta invadir todo el CB. Cuando se acercaba guardé rápidamente la cámara y me metí en la tienda comedor, sin darme tiempo de cerrar la cremallera. El desplazamiento del aire al ocuparlo la gran masa de nieve, hizo saltar numerosos anclajes de las tiendas.

En el año 2014, un alud en la cascada de Khumbu sepultó a dieciséis sherpas que subían en ese momento hacia los campamentos superiores. Un año más tarde, el terremoto del año 2015 provocó un alud procedente del Pumori, que arrasó el CB del Everest, sepultando a numerosos escaladores, falleciendo al menos veintidós personas.

22.- Ascendiendo por la cascada de Khumbu

El Glaciar de Khumbu se inicia en la vertiente sudoeste del Everest en el Valle del silencio en la cabecera de la montaña. El glaciar se precipita en una gran cascada de hielo muy peligrosa y es el obstáculo principal y el primero de la ruta del Collado Sur y varias rutas más a las cimas del Everest y del Lhotse.

Con elevaciones de 4.900 m en su parte final, y 7.600 metros en su origen, es el glaciar más alto del mundo.

La cascada de Khumbu se cobra cada año varias vidas de buenos deportistas. El año de la expedición en el que participaba, cayó un sherpa en una grieta, quedando colgado de una cuerda de seguridad, pero al no poder salir por sus propios medios falleció de frío durante la noche, le encontraron a la mañana siguiente. Otro sherpa resbaló en la cascada y tuvo una conmoción cerebral y se le tuvo que evacuar en helicóptero, afortunadamente sobrevivió.

En la imagen, cruza la escalara de la cascada Bruno P. de Tudela.

23.- Pared de Nuptse.

El Nuptse y el collado del Lho-La flanquean la cascada de Khumbu. La pared de la fotografía está sacada desde el CB, con una Yashika objetivo 70-200 mm.

Nuptse es el nombre tibetano para "pico del oeste", ya que es el segmento occidental del macizo que forma con el Lhotse.

El Nuptse en una sucesión de agujas de este a oeste. El pico principal, Nuptse I, fue escalado por primera vez el año 1961 por Dennis Davis y el sherpa Tashi, miembros de una expedición británica. Después de un largo intervalo sin ascensiones, el Nuptse volvió a recibir expediciones en los años 1990 y 2000, con las que se establecieron rutas desde el sur, norte y oeste.

El Nuptse se ve imponente desde el CB del Everest, pero no es un pico independiente y no está catalogado como tal.

24.- Río Dudh Khosi, cerca de Bhulbhule.

VALLE DE MANANG, NEPAL -2007-

Siempre había soñado con hacer un recorrido por las montañas de Nepal con la familia y tuve la oportunidad en el año 2007. Fue una caminata hasta Manang, un bello recorrido que, a pesar de ser agosto, en pleno monzon, pudimos caminar sin problemas, solo llovió cuatro días. Todos disfrutamos intensamente del camino, del paisaje y de la población que habita esos valles.

En el recorrido pude contemplar montañas sorprendentes y si hubiese acudido en otra época del año más propicia, hoy tendría grabada en la retina alguna montaña más para soñar con su belleza. Pero la ventaja de acceder a ese territorio con las nubes espesas del monzón, permiten contemplar y fotografiar otros aspectos del paisaje, con una naturaleza en la que destaca el verde intenso de los bosques y arrozales. Las montañas veladas por las nubes, aparecen y se ocultan a cada momento y nos permiten disfrutar del intenso colorido del lugar por donde avanzamos.

Partimos de Bessisar una tarde con el monzón azotando con su lluvia, pero como la temperatura era cálida tampoco nos importaba que nos pudiéramos mojar bajo los paraguas, pero una vez que giramos hacia el oeste, la cordillera de los Annapurnas nos protegió del monzón y no cayó una gota.

25.- Lugareño al atardecer cerca de Syanje

Subiendo por los empinados caminos que llevan a Syanje, encontramos a un lugareño encorvado, que reflejaba posiblemente una vida de duro trabajo y porteos por el entorno en que vivía. Parecía caminar sin prisa, como paseando por un camino de cuestas y barro.

La visión de los habitantes de estos pueblos, nos permite ser conscientes del privilegio de vivir en las sociedades del bienestar, aún con los inconvenientes de los que se quejan en dichas sociedades y les parece poco todo lo que reciben.

26.- Arrozales en las escarpadas laderas de Chamje

Una de las ventajas de caminar con tiempo monzónico, es la posibilidad de fotografiar la naturaleza, descubriendo sus tesoros entre los juegos de nubes. Los colores también cambian, el verde es intenso y los campos de arroz brillan en las laderas de los valles.

Por otra parte, el turismo apenas existe y los urbanitas acudimos a estos lugares con el sentimiento de disfrutar de soledad y algo de aventura.

27.- Arrozales de Bahundanda

Contemplando a los habitantes atareados en sus labores de recolección, se observa la vida como pudo ser hace cientos de años. Aunque esta situación está cambiando y mejorará la vida de la población, me refiero a la pista que se está construyendo hasta Manang y en los quince años transcurridos desde el año que caminé por la zona, se habrá finalizado o poco faltará.

Para los viajeros resultará un atentado a lo auténtico, a una forma de vida, pero para sus habitantes es un regalo que les facilitará el trabajo y los desplazamientos, accediendo a una mejor medicina y a aliviar el transporte de las mercancías sobre sus sufridas espaldas. El progreso tiene que ser para todos.

Cuando he comentado esta situación, los nostálgicos se quejaban de que los cambios eliminarán el interés por ese viaje, yo considero que las bellas montañas seguirán estando allí, y la satisfacción de ver prosperar a sus habitantes, es lo mejor que podemos experimentar.

La imagen describe muy bien lo expuesto anteriormente; el verde intenso, las mujeres trabajando contrastan sobre el campo de arroz y la ladera boscosa de un verde más intenso.

28.- Juego de sombras al atardecer.

Juego de sombras al atardecer, cerca de Dharapani, antes de girar hacia la rivera del Mashyangdi Kola en el distrito de Manang.

Lo dramático de la fotografía podría agravarse con bajas temperaturas. Afortunadamente no fue así, las temperaturas benignas del verano monzónico, permitían disfrutar de estos paisajes y de los olores que desprenden los campos y bosques húmedos. Un rayo de sol se filtra entre las nubes oblicuamente al atardecer y la luz matiza suavemente los colores de las montañas boscosas, aunque como contraste había que soportar los ataques de las sanguijuelas.

29.- Caminando hacia el cielo

Camino interminable hacia el cielo, se podría decir. Cuando se encuentran en el camino esas ascensiones escalonadas, lo primero que se piensa es que al final van a doler los cuádriceps, pero facilitan mucho el tránsito por esos abruptos senderos, que de otra forma se deteriorarían enseguida con las lluvias monzónicas anuales.

El camino hasta Manang está cuidado y resulta cómodo para el caminante, las etapas están muy medidas para no cansarse y cuando se llega al destino, sorprende lo agradable del recorrido con poco esfuerzo. Caminar por Nepal y descansar en los lodges, saboreando la comida que ofrecen, engancha al visitante y cuando va finalizando el viaje, gustaría comenzar una vez más. Ese es el sentimiento que he experimentado en mis viajes caminando por las montañas de Nepal.

La foto está tomada al atardecer, la lluvia se refleja en el camino y la figura da las dimensiones del camino que deseamos mostrar.

30.- Pared del Paungda Danda (4.730 m)

Antes de llegar a Pisang, sobre el pueblecito de Ngawal, pasamos por una pared cóncava que se eleva mil metros sobre el río Marsyandi Kola, donde un antiguo glaciar ha dejado tallada una maravilla de la naturaleza, el Paungda Danda (4.730 m) —La Roca de la onda—. También se la conoce como La Gran Muralla de Pisang. Para un escalador que le gusta abrir vías, es todo un sueño. Tiene un desnivel de 1.500 metros y casi tres kilómetros de ancho para trazar rutas a lo largo de la pared. Lástima que muchos proyectos interesantes se queden reflejados únicamente en la libreta y no se puedan llevar a cabo. No siempre es fácil encontrar el momento y los compañeros dispuestos a tamaña aventura.

La fotografía está sacada avanzando por el camino a varios kilómetros de la pared antes de llegar a Pisang.

31.- Glaciar del Gangapurna

Al día siguiente de llegar a Manang subimos al glaciar del Gangapurna que se encuentra frente al pueblo. Era el día de descanso antes de regresar, pero cuando uno se acostumbra a caminar, estar un día ocioso resulta enervante.

Al Gangapurna de 7.455 m, se encuentra en el macizo de los Annapurnas, conformado por varias montañas independientes. Forma un pico piramidal bien definido, el glaciar Gangapurna desciende hacia el norte con una imponente barrera de hielo sobre el valle de Manang.

La primera ascensión al Gangapurna fue llevada a cabo con éxito en 1965 por una expedición alemana, dirigida por Günter Hauser. Un equipo de once escaladores alcanzó la cumbre por la vía de la arista Este.

La mañana que pasamos a la orilla del lago del glaciar, fue de paz y reflexión. Pusimos banderas de oración y cada uno pensó en sus deseos. Por la tarde en un videoclub, acomodados en unos bancos forrados de piel de yak, vimos una versión de una película sobre el Everest.

En la fotografía, nubes oscuras ocultan el Gangapurna, transmitiendo un ambiente dramático que contrasta con un rayo de sol que ilumina en primer término las chimeneas de adas que flanquean el glaciar.

32.- Tilicho (7.134 m)

Una mañana, sorpresivamente, se retiraron parcialmente las nubes y apareció el Tilicho reflejando toda la luz del sol. No tardé en disparar varias fotos, porque en un instante desapareció totalmente.

El pico fue descubierto en 1950 por una expedición dirigida por Maurice Herzog cuando intentaban encontrar el Annapurna I. Para su sorpresa se toparon con una gigantesca pared y un gran lago helado. A ese muro se le llamó "La gran barrera". Así es como lo describió en su libro "Annapurna".

La primera ascensión del Tilicho fue realizada en 1978 por el escalador francés Emanuel Schmutz por la ruta de la arista noroeste, que es la ruta que se sigue habitualmente, estableciendo dos campamentos.

33.- Lago Yandrok Tso.

TÍBET -2011-

En el año 1990 entré por primera vez en el Tíbet, había leído *Siete años en el Tíbet* de H. Harrer y los libros de Alexandra David Neel. Estas lecturas permitían percibir una tierra incógnita que deseaba conocer de primera mano. Aquel año no pude visitar Lasa ni el Potala, ni los famosos monasterios de Thasilumpo y Gokang. Porque la expedición al Everest no nos dejó tiempo para nada, estábamos concentrados en la montaña. Tuvieron que pasar veintiún años para que con más tranquilidad pudiese realizar un recorrido que me permitiese ver la realidad del país en ese momento, con todos los cambios acaecidos y por supuesto entrar en sus míticos monasterios.

Para llegar a nuestro objetivo de la región de Kansug, viajamos al Sur y pasamos por el puerto de Khamba-La de 4.794 m, donde tuvimos el primer efecto con la altura al estar poco aclimatados. Desde el puerto se contempla el lago Yandrok Tso y un valle con algunos enclaves agrícolas, con las primeras montañas nevadas al fondo.

34.-Entierro aéreo, a las orillas del río Kyi Chu.

A pocos kilómetros de Lhasa, cerca de la carretera, a la orilla del río Kyi Chu, encontramos a tres personas troceando un cadáver para realizar lo que se llama un funeral celeste.

Los ritos funerarios tibetanos son interesantes y muy variados. Los difuntos pueden ser enterrados, incinerados, lanzados al agua, enterrados en una stupa o sepultados al aire. Esto último se llama funerales celestes. El encargado o ejecutor, después de llevarlo al campo, sobre unas piedras, disecciona el cadáver cortando la carne en trozos que irá apilando y finalmente triturará los huesos. Los buitres harán desaparecer los restos del cuerpo totalmente para permitir la liberación del alma. Para los tibetanos, los buitres son pájaros sagrados que desempeñan un importante papel en los funerales celestes, por lo que se han convertido en una especie protegida.

La sepultura en el agua se reserva para los mendigos y pobres en general. Se considera una ofrenda a Buda, un acto piadoso. Se dona el cadáver a los peces que en otros tiempos eran considerados los dioses del río. Se entierra a los fallecidos por enfermedades contagiosas, ladrones y criminales. Se piensa que al enterrarles su alma queda presa en la tierra impidiendo la reencarnación, eliminando así a los elementos nocivos para la sociedad.

La incineración se reserva para los monjes eruditos y personas importantes de alto nivel social. Las cenizas se esparcen al viento o se arrojan al río.

35.- Alrededores de Kharta

El recorrido que realizábamos llevaba a la cara Este del Everest por el glaciar Kangshung, la única vertiente que no conocía.

El territorio que recorre es duro en lo que se refiere a la altura y a los senderos, pero si se hace una buena aclimatación no resulta difícil y nosotros habíamos aclimatado con nuestro recorrido desde Lasa hasta Karta. Fueron ocho días de camino en una ruta circular partiendo del valle de Kharta, siguiendo por Dumba entre los 4.208 m y los 4.600 m pasando por el collado Lagun de 5.400 m para regresar nuevamente Kharta. Las vistas que se tiene desde cualquier lugar, son espectaculares. Al ir en agosto en pleno monzón, las nubes nos dificultaban la visibilidad, pero, aun así, pudimos contemplar el Everest desde el Este, el Makalu y el Chomolonzo, cerca del Campo Base. Algunos días el frío y la lluvia nos dejaban claro que estábamos en el corazón del Himalaya.

La foto describe gráficamente la humedad de la mañana antes de la salida del sol, con las nubes flotando sobre y río.

36.-Campamento en la cabecera del valle de Arum.

Desde Kharta contábamos con un grupo de cinco arrieros tibetanos locales y media docena de yaks. Los tibetanos iban a su bola, sin ninguna organización a simple vista. Todos los días, cuando los nepaleses ya habían recogido el campamento y no había nada más que cargar a los yaks, tarea que les competía a los arrieros, estos todavía andaban tomando té bajo la carpa donde dormían, sin ninguna prisa por iniciar la jornada.

La carpa era un plástico sujeto con dos palos y varias cuerdas deshilachadas y llenas de nudos. Ellos iban vestidos con una ropa que no había recibido más agua que la de la lluvia. Por las noches dejaban a los yaks pastar sin ninguna traba, y al cuarto día desaparecieron tres.

Por la mañana se fueron a buscarlos y nosotros nos pusimos a caminar bajo la lluvia. No encontraron a los yaks ese día y los arrieros y los nepaleses tuvieron que cargar con parte de la impedimenta que llevaban los yaks huidos, incluido el guía tibetano.

Esperamos hasta la noche, permaneciendo a la intemperie bajo la lluvia (benditos paraguas). Por fin aparecieron los pastores todos sudorosos y empapados, cargados con todo lo que los yaks fugados no habían podido transportar. Tuvimos que cenar en cuclillas con el suelo encharcado, porque los tibetanos habían dejado el mobiliario por el camino. Menos mal que la buena disposición de los nepaleses ayudó a templar los ánimos.

37.- Glaciar de Kangshung

En el primer intento de ascender al Everest por la vertiente del Kangshung, se siguió el mismo camino que cogimos desde Kharta, a través del glaciar Kangshung y fue una expedición estadounidense en 1981. Estaba liderada por Richard Blum y Louis Reichardt, incluyendo a sir Edmund Hillary, G. Lowe, J. Roskelley y K. Momb, lograron avanzar sobre los contrafuertes de roca, pero abandonaron cerca de los 7.000 metros debido al riesgo de avalanchas.

El primer ascenso exitoso a la cara del Kangshung fue en 1983 por una expedición estadounidense dirigida por James D. Morrissey. Hicieron cumbre seis componentes de la expedición en el mes de octubre.

En 1992 coincidió que una expedición chilena escaló exitosamente por esta ruta, convirtiéndose en la segunda expedición en lograrlo. Los escaladores que alcanzaron la cumbre fueron Rodrigo Jordan, C. García-Huidobro y J. Sebastián. Por la ruta Sur actuaba otra expedición chilena que también hizo cumbre y fueron eclipsados por el éxito de sus compatriotas.

Ese año participaba con la expedición Complutense que como ya he contado no llegamos a la cumbre.

En la fotografía, la imagen mi compañero Federico se recorta sobre el glaciar en el momento que un rayo de sol ilumina la morrena, acentuando la composición el vivo color de la ropa.

38.-El Chomolonzo 7.804 m.

La jornada que avistamos el Everest, se nos descubrió también el Makalu (8.463 m) y el Chomolonzo (7.804 m).

El Chomolonzo lo teníamos justo delante, con el glaciar separando la cuerda por la que caminábamos. Su difícil pared resultó una visión inolvidable.

El Chomolonzo está unido al Makalu por el collado Sakietang a 7.200 m. Tiene tres cumbres; el pico Sur (7.804 m) es el principal. Mientras que en Nepal el entorno lo domina el Makalu, en Tíbet los tres picos del Chomolonzo son un espectáculo impresionante dominando el valle de Kangshung, con tres kilómetros de arista entre los tres picos citados. Los 3.000 metros de desnivel de la cara noroeste son un desafío para los alpinistas pendiente de resolver.

Cuando se despejó el Makalu, me dio pena no haberlo visto dos días antes cuando caminamos por su base, hubiese sido la visión perfecta, porque desde el emplazamiento donde nos encontrábamos, se veía parcialmente oculto por los contrafuertes del Chomolonzo. Efectivamente, el mes de agosto no es el mejor para contemplar a los gigantes del Himalaya, pero en los viajes a las montañas lejanas hay que aprovechar las oportunidades que se presentan, aun sabiendo lo que nos vamos a encontrar.

El recuerdo de aquel día luminoso en el que pudimos contemplar el Everest, El Chomolonzo y el Makalu, en una visión panorámica directa, todavía me emociona.

39.- Everest desde la vertiente del Kangshung

Cuando se despejó el cielo y contemplamos frente a nosotros el gigantesco Everest a la derecha con el collado sur separando el no menos alto Lhotse, no me cansaba de mirar esa belleza. El Everest es muy diferente según la cara que se observe, siempre parece lejano y gigantesco.

La cara del Kangshung es la cara Oriental del Everest. Hay un desnivel de 3.350 metros desde el glaciar Kangshung a la cima. Es una cara ancha, rematada a la derecha por la parte superior de la arista Noreste y a la izquierda por la arista Sureste y el collado Sur.

La parte superior está dominada por glaciares colgantes, mientras que la parte baja es una zona rocosa escarpada con contrafuertes y corredores. Es considerada como una ruta peligrosa de ascenso por los aludes que la barren, comparada con las rutas de los collados Norte y Sur, y es la cara más remota de la montaña.

El lado oriental de la montaña fue relativamente desconocido para el mundo occidental hasta el siglo XX, debido al clima y a lo complejo y aislado del terreno tibetano. En 1921 George Mallory y Guy Bullock fueron los primeros occidentales en contemplar y explorar la cara del Kangshung, como parte de la primera Expedición Británica de Reconocimiento del Everest, que obtuvo permiso por primera vez.

40.- Norte del Cho Oyu 8.201 m desde Tíbet

41.- Sur del Cho Oyu 8.201 m desde Nepal

Después del trekking por la región de Kansung, nos trasladamos a la cara norte del Everest a través de la meseta tibetana en dos vehículos 4x4. Cuando viajábamos por el altiplano tibetano, uno de los coches tuvo un fallo mecánico y tuvimos que parar.

Mientras los eficaces chóferes hurgaban en el motor, nosotros nos subimos a una loma y tuvimos la maravillosa visión del Cho Oyu la sexta montaña más alta del mundo. La foto describe como la contemplamos, brillaba al sol como un diamante mientras las nubes del monzón avanzaban a su encuentro.

El Cho Oyu se encuentra a treinta kilómetros al oeste del Everest, no es un pico muy técnico por la ruta normal, se considera uno de los más asequibles y seguros de los catorce picos de 8.000 metros. Eso no quiere decir que un pico de 8.000 metros sea fácil, porque son duros y peligrosos y el Cho Oyu cuenta con medio centenar de fallecidos en sus laderas.

En la primavera del año 2017, en la visita al valle de Khumbu en Nepal, recorrí el valle de Gokyo hasta su cabecera que la cierra precisamente el Cho Oyu. La Pared del pico desde esta vertiente sur es mucho más difícil y escarpada, solo la abordan alpinistas de reconocido prestigio técnico. La mayoría de las expediciones ascienden por la vertiente norte tibetana.

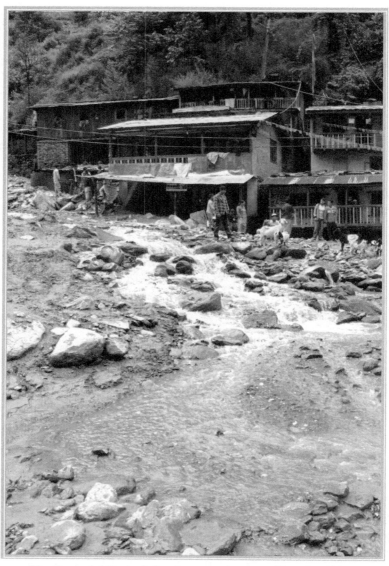

42.- Paso del Kodari, frontera norte entre Nepal y China.
Agosto de 2011

La primera vez que crucé la frontera de Kodari, para acceder a Tíbet desde Nepal fue en 1990, un corrimiento de tierras durante el monzón había roto la pista de tierra y había que realizar el cruce caminando hasta Zanmu, que entonces estaba bastante más arriba que en la actualidad.

Cuando regresamos del Everest un mes más tarde, la pista seguía cortada y un nuevo corrimiento de tierras en Kodari, se había llevado varias casas por delante.

En el año 2011, cuando regresábamos de la región de Kharta, nos encontramos con un buen atasco de camiones en la frontera china, allí no se movía ningún vehículo. Al día siguiente cuando entramos caminando en Nepal, entendimos lo que había pasado; un nuevo corrimiento de tierras había cortado la carretera destrozándola en varios kilómetros y destruyendo varias casas.

Como se ve, la naturaleza continúa su proceso de erosión, en este caso, agravado por las manos del hombre, que construye casas y caminos en lugares imposibles.

43.- Khunjung 3.790 m.

VALLE DE KHUMBU, NEPAL -2017-

Desde el año 1992 cuando me despedí en Lukla de la región de Khumbu, deseé volver para recorrer con tranquilidad los valles y pueblos donde habitan los sherpas. En esos veinticinco años he leído sobre la cultura de sus habitantes, la historia de los pueblos, los pasos de montaña, y con ello el deseo de regresar aumentaba.

En ese viaje el objetivo era encontrarme con Chowang, el shirdar de las dos expediciones al Everest y al que aprecio desde entonces. Y por supuesto caminar sin ambiciones a algún pico de los numerosos del valle de Solokhumbu.

En los días siguientes recorrí los pueblos aledaños a Namche; Thamu, Theshyo, Khunjung para ver las escuelas Hillary y a Kunde para conocer el Hospital que la fundación Hillary ha construido y mantenido a lo largo de más de cincuenta años. Me apetecía realizar lo que tantos años había deseado, caminar tranquilo por los pueblos del valle de Khumbu e intentar subir al Gokyo Ri de 5.357 m.

Los tres compañeros con los que hice el viaje, Jorge Sánchez, Pilar Baides y Carlos Agüero tenían el proyecto de subir el Parchamo un pico de 6.187 m poco frecuentado, que figuraba en la guía que publiqué de ascensiones en Nepal (*Nepal, guía de ascensiones. Barrabés. 2006* y *Cumbres de Nepal. Amazon 2020*).

44.- Celebración religiosa local en Namche Bazar

Volamos a Lukla y la avioneta aterrizó en mejores condiciones que antaño, habían asfaltado la pista. Ese mismo día comenzamos la andadura hasta Pakding, donde dormimos. Al día siguiente continuamos con la etapa más dura hasta Namche. El encuentro en Namche con Chowang fue intenso nos fundimos en un abrazo interminable. Chowang seguía siendo la persona que había conocido, afectuoso y amable. Le encontré en plena forma física, solo las canas dejaban ver la edad. Él también se fijó en las mías. Toda la familia acogió con la misma deferencia a mis compañeros y fue una tarde de profundas emociones.

En los días que permanecí en Namche pude contemplar desenvolverse la vida en la capital del valle de Solo-Khumbu. Transcurría con el sosiego del que sabe dosificar sus fuerzas, así como las ceremonias del gompa (monasterio) de Namche presidiendo las celebraciones y relacionando a los habitantes de la capital.

Tanto en Namche, como en Tham, Theshyo, Khumjum o Kunde, vi aplicarse a la población en el mantenimiento de los gompas y en la reconstrucción de las estupas destruidas por el reciente terremoto.

45.- Ruta del Nangpa-La, antigua frontera con el Tíbet

Mis amigos pasaron una jornada en Namche aclimatándose y al segundo día partieron camino de Thame. Los acompañé un trecho, el camino es bonito y me permitió hacer buenas fotos y observar la vida por los dos pueblos por los que pasé, Thamo y Theshyo. También me crucé con los arrieros que llevaban mercancías hacia Thame y a los asentamientos de esa vertiente del valle.

Dos días después salí con Chowang camino de Gokyo, acompañado de su hijo Tashi como porteador. Al fin podía caminar tranquilo y en excelente compañía; Chowang me cuidó como solo él sabe hacerlo. El camino de subidas y bajadas el primer día fue duro, pero me lo hizo fácil, siempre pendiente de que no me esforzase demasiado en las subidas. Llegamos a Gokyo en tres etapas.

46.- Camino de Gokyo

El día que avistamos el asentamiento, contemplé el cerro que pensaba subir; El Gokyo Ri estaba libre de nieve y con un sendero bien marcado, algunos trekkers descendían por la empinada cuesta. Aquella tarde y durante la noche, nevó intensamente, bajando la temperatura. El día amaneció nublado y con ventisca débil.

Mientras desayunábamos observé que los trekkers que iniciaban la subida al pico, se daban la vuelta. Cuando salimos del *Lodge* camino del Gokyo Ri, nos dimos los primeros resbalones y pregunté a Chowang qué le parecía el camino nevado con esa nieve fría y resbalosa sin llevar crampones. Chowang me indicó que era mejor que nos diéramos la vuelta, pero si yo lo deseaba, subiríamos. No me pesó renunciar, a estas alturas de la vida ningún pico merece riesgos. Lo importante era el camino recorrido, los amplios paisajes, las bellas montañas, los pueblos colgados del abismo y la compañía de Chowang y de Thasi; regresamos.

47.- Cho Oyu 8.201 m.

Mientras iba desandando el camino, miré hacia atrás y vi la silueta imponente del Cho Oyu (8.201 m) descubriéndose enteramente entre las nubes. La vertiente Sur que tenía delante de mí, era considerablemente más difícil que la norte y solo lo suelen afrontar los himalayistas de buen nivel.

La primera exploración del Cho Oyu se realizó por los británicos en 1921, dirigida por el teniente coronel Charles Howard-Bury que dirigió una expedición de reconocimiento al Everest y exploró el área Cho Oyu, el grupo incluía a George Mallory.

El primer intento en el Cho Oyu se realizó en 1952 por una expedición británica dirigida por Eric Shipton que hizo un serio intento de subir el Cho Oyu. Por desgracia los chinos cerraron la parte tibetana de la montaña y la mejor ruta posible. Los escaladores, incluyendo Edmund Hillary, intentaron la vertiente sudoeste pero no tuvieron éxito.

La primera ascensión del Cho Oyu se realizó en octubre de 1954, por dos escaladores austriacos; Joseph Jöchler, Herbert Tichy y el sherpa Pasang Dawa Lama

48.- Estok Kangri 6.153 m, Ladakh

LADAK, INDIA -1998-

En el mes de abril cuando en las llanuras de la India hace un calor insoportable y en el Himalaya indio todavía es pleno invierno, volé a Ladakh una mañana en la que soplaba un aire gélido. Al día siguiente amaneció con una fuerte nevada, Leh se mostraba como ha debido de ser antes de la llegada del turismo, mi mujer y dos amigos éramos los únicos extranjeros que deambulaban por el valle.

Tres días antes de partir, ya aclimatado, aproveche para realizar un par de ascensiones, no iba a visitar esta parte del Himalaya sin disfrutar de la montaña. Una mañana antes de amanecer salí de Leh, subiendo por la cabecera del valle en dirección a Markha, al pico Mahirlae-Leh de 4.455 m. Según me enteré después a través de nuestro chofer, es un pico sagrado y encontré en la cumbre banderas de oración y ofrendas. El penúltimo día, subiendo por el camino del valle de Sankar, contemplé un pico nevado cercano y con bastante altura. Pregunté a nuestro chofer si tenía nombre y me dijo que se llamaba Ramma-La y que superaba los cinco mil metros. Según mi altímetro tenía alrededor de 5.010 m. El ascenso en solitario a ambos picos me produjo una gran satisfacción, para un alpinista llegar a Ladakh y no subir ninguna de las montañas que lo rodean, hubiese sido un verdadero pecado. Al fondo contemplé durante estos días el Estok Kangri al que subieron en diferentes años mi hermano y mi hijo en solitario, yo me quedé con las ganas.

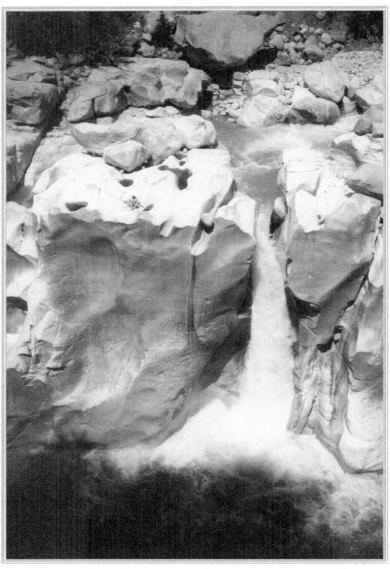

49.- Cascada Surya Kund, Gangotri 3.100 m.

GARWAL, INDIA -2002-

En abril de 2002 llegué a Gangotri acompañado de mi hermano Carlos y mi hijo Alejandro, un alud había cerrado la carretera y unas máquinas excavadoras trataban de resolver el problema, así que llegamos caminando desde el pueblo anterior, Dharali, que se encuentra a unos 25 km de Gangotri.

Gangotri es un pueblo de montaña en el distrito de Uttarkashi a orillas del río Bhagirathi, origen del río Ganges, en el Himalaya del Garhwal. Según la mitología hindú, fue aquí donde la diosa Ganga descendió, cuando Shiva liberó el poderoso río de los mechones de su cabello.

El pueblo que en época estival bulle de gente, estaba nevado y casi desierto. Hacía bastante frío y enseguida nos dimos cuenta de que había pocas posibilidades para realizar ascensiones, la cantidad de nieve y los aludes barrían el camino y las laderas de las montañas.

La foto de la cascada Surya Kund, por la que se despeña el sagrado Bhagirathi, está sacada desde un mirador. Mi hermano posó sentado al lado para dar una idea de las dimensiones.

50.- Campamento en Gaumukh

Para llegar a Tapovan, donde pensábamos iniciar alguna ascensión, contratamos a un porteador nepalés que nos acompañó hasta Gaumukh, el final del camino de los peregrinos, un buen chico que sabía hacer su trabajo como acostumbran los nepaleses. Llegamos a Gaumukh con mucha nieve y sobre las diez de la mañana nos hundíamos hasta el muslo, por eso no había ninguna expedición por los alrededores.

En la aproximación a Gaumukh y desde el campamento que establecimos, teníamos dominando nuestro horizonte el grupo de los Bhagirathi una de las montañas más bellas que se pueden contemplar. Años después he sabido que mi compañero de escalada Manolo García, se atrevió a enfrentarse a una complicada escalada en el Bagirathi III, en un intento frustrado por el mal tiempo, aguantando durante un mes las lluvias y nevadas del monzón.

He conocido a otros alpinistas madrileños que también intentaron la escalada de los Bagirathis y el mal tiempo ha sido también la consecuencia de su fracaso. Por los datos que tengo de la región, hay que armarse de paciencia y disponer de tiempo y suerte para encontrar unos cuantos días seguidos de buena climatología que permitan afrontar la ascensión.

51.- Gruta de Gaumukh 4.023 m, donde nace el sagrado Ganges

Gangotri es uno de los cuatro lugares sagrados en el circuito de peregrinación de *Chota Char Dham*. El recorrido de los lugares sagrados un circuito de peregrinación, con cuatro lugares sagrados Badrinath, Kedarnath, Gangotri y Yamunotri que se realiza en el estado de Uttarakhand en la región del Garhwal.

Gaomukh es el final del glaciar Gangotri y la fuente del sagrado río Bhagirathi, una de las principales fuentes del Ganges. El río adquiere el nombre de Ganges desde Devprayag, donde se encuentra con el Alaknanda. La gruta del glaciar Gangotri se encuentra a 19 km del pueblo.

El glaciar y la gruta de Gaomukh retrocede cada año más rápidamente. Para llegar al lugar se debe tener permiso de la oficina forestal del distrito en Uttarkashi. Solo se emiten 150 permisos por día. Nosotros cuando fuimos, desconocíamos este requisito y como era invierno no había nadie exigiendo las autorizaciones.

52.- Siviling 6.543 m.

Al amanecer subimos las empinadas cuestas hasta la planicie de Tapovan. Desde ese privilegiado lugar pudimos contemplar el Shiviling su nombre hace referencia al símbolo sagrado Shiva Linga, un pico impactante.

En Tapovan, a unos 4.450 metros de altitud, es donde se sitúa el Campo Base para la ascensión al Shiviling. Su esbelta figura hace obligatoria una escalada de dificultad en roca y hielo por cualquiera de sus vertientes. Sus paredes solamente aflojan un poco en dificultad por la pared oeste, que tiene una pendiente moderada de hielo y nieve.

Cuando bajamos de Tapovan, nos bañamos en el nacimiento del sagrado río Bhagirathi, afluente principal del Ganges. Así quedamos limpios de los pecados pasados, presentes y futuros, en el lugar más sagrado donde los haya.

La historia de la ascensión a esta montaña que parece inexpugnable, partió de los británicos explorando el glaciar Gangotri en 1933. Finalmente, el Shiviling fue escalado en junio 1974 por una expedición de la Policía de Fronteras Indo-tibetana dirigida por Hukam Singh, por la ruta de la arista oeste. La cresta por donde subieron implica una difícil escalada mixta. La cresta conduce a un collado entre las dos cumbres, desde allí, una pala empinada de nieve y hielo sube por la cresta y conduce a la cumbre principal.

53.- Annamudi (2.800 m).

ANNAMUDI. CORDILLERA DE LOS NINGIRIS. KERALA.

INDIA -2001-

Un viaje desde Bombay hasta Kerala, me hizo buscar un pico interesante entre las montañas de los Gats Occidentales e intentar ascenderlo. Munnar era el pueblo más cercano a Cochín, la ciudad más importante del Estado de Kerala donde habíamos llegado unos días antes y pasaríamos varios días. Desde allí subimos hasta Munnar, un pueblo de montaña donde se está desarrollando el turismo. En la cordillera de los Nilgiris azotaba el monzón, subimos por unas sinuosas carreteras, cruzando puentes sobre ríos torrenciales, el paisaje espectacular chorreaba agua por todas partes. El entorno está rodeado por inmensos campos de té de un intenso verde.

Nos acercamos en coche hacia la base del Pico Annamudi. La ascensión no es dificultosa, pero llovía a mares y el pico se cubrió de nubes. Tomé la decisión de abandonar a mitad del camino en el tramo que subimos nos habíamos mojado suficientemente.

El Annamudi es el pico más alto de las colinas Cardamon en la Cordillera de los Nilgiris y es asimismo la montaña más alta en la India fuera del Himalaya, se encuentra enclavado en el P.N. de Eravikulam.

54.- Joven de rosa caminando entre los Backwaters

Una tarde lluviosa paseando por los backwaters de Cochín en Kerala, vimos acercarse a una elegante joven vestida de un impecable salwar kameez rosa, protegida por el paraguas. Su andar firme y acompasado junto con el suave colorido de su traje, contrastando con el verde intenso y el gris del ambiente, me llamaron la atención. La dejé aproximarse hasta encontrar un encuadre y la distancia suficiente que permitiera mantenerla en el anonimato sin perder la delicadeza que me había abstraído.

55.- El Jannu 7.710 m. en el macizo del Kangchenjunga.
Desde la cordillera de Singalila

KANGCHENJUNGA. SIKKIM. INDIA -2006-

La región del Kangchenjunga tenía para mí una importancia especial por las lecturas de las primeras expediciones al Everest y por el vecino enclave de Darjeeling, fronterizo a Sikkim de donde partían todas ellas. Tenzing Norgay había sido reclutado en esa población y Darjeeling tenía una historia interesante. También me enteré unos años después que mi amigo Chowang emigró a Darjeeling en busca de trabajo como porteador y terminó trabajando en el Instituto de Montaña a las órdenes de Tenzing Norgay.

Un día de abril inicié el viaje al norte de Bengala Occidental desde Benarés en tren, con mi mujer y dos amigas, hasta Bagdogra. Desde Darjeeling vimos por primera vez el Kagchenjunga casi al alcance de la mano. Y cuando nos adentramos unos días después en el recorrido clásico de la cordillera de Singalila hasta Sandakphu, tuvimos frente a nosotros durante todo el trayecto la vista inigualable del tercer pico más alto de la tierra y el primero de la India.

El macizo del Kangchenjunga comprende un grupo de cinco picos. Tres de ellos están en la frontera noroeste de Sikkim en la India y los otros dos picos pertenecen a Nepal. Darjeeling situado a 2.134 metros, fundada por los británicos en 1835, es el camino lógico para llegar al macizo.

56.- Macizo del Kangchenjunga, (8.586 m)
Desde Pelling (Sikkim)

La historia de la ascensión del Kangchenjunga, comienza con una expedición en 1905 dirigida por Aleister Crowley, que finalizó trágicamente, cuando tres porteadores locales y un escalador suizo murieron en una avalancha. En 1930 el profesor alemán Gunther Dyhrenfurth dirigió una expedición compuesta por alemanes, británicos, suizos y austriacos. Se inició el reconocimiento por un enorme glaciar colgante en el que se produjo un desprendimiento y una avalancha de hielo mató a uno de sus mejores sherpas de altura.

Finalmente, la cumbre fue ascendida por una expedición dirigida por Charles Evans, que había sido jefe adjunto de la exitosa expedición al Everest en 1953, poniendo cuatro escaladores en la cumbre.

No es fácil observar una montaña de 8.000 metros con tan poco esfuerzo desde un pueblo, creo que es la única si exceptuamos el Cho Oyu o el Sisha Pagma, pero estos se ven desde la carretera que lleva a Kodari en el Tíbet. La vista del Kangchenjunga y del complejo de montañas que lo rodean es una imagen privilegiada de la que pueden disfrutar muchos viajeros.

La fotografía está tomada unos minutos después de amanecer desde Pelling. Dejé que el sol inundase totalmente la montaña y desaparecieran las sombras oscuras de la base que contrataba excesivamente con el blanco de las cumbres.

57.- Anciano guerrero dani.

IRIAN JAYA. INDONESIA -1994

En el transcurso de una expedición para la ascensión al Trikora en la isla de Nueva Guinea, tuve la oportunidad de conocer un territorio y unos pueblos que estaban saliendo de la edad de piedra, con una cultura potente, pero amenazada por los colonos indonesios. La ascensión al Trikora sería la primera de una expedición española por una nueva ruta de unos trescientos metros por la pared norte. La montaña tenía escasas ascensiones según la Real Sociedad Geográfica de Londres, y fue la séptima que se tiene referencia, ya que las autoridades indonesias no concedían permisos para subir en aquellos años. Nosotros nos vimos obligados a intentarlo sin el preceptivo permiso. Esta ascensión la he relatado en el libro *"La Montaña como pretexto"* (Ed. Barrabés. Cuarte, Huesca. 2003).

La isla de Nueva Guinea está dividida en dos partes; la oriental es la actual Papúa-Nueva Guinea y la parte occidental a la que nos referimos, pertenece a Indonesia desde 1963, denominando a este territorio Irian Jaya. Este vasto territorio aproximadamente como España, está poblado por cerca de millón y medio de habitantes en sus tres cuartas partes papúes, el resto son inmigrantes indonesios.

Sobre un mar de bosques pantanosos surgen los picos escarpados de las cordilleras Sudirman, Jayawijaya y Wisnamurti con altitudes por encima de los cuatro mil metros. En el corazón de estas montañas se abre el valle de Baliem a 1.500 metros sobre el nivel del mar.

58.- Familia de cazadores lanis.

En el valle de Baliem se desarrolló una cultura basada en una agricultura avanzada, trabajada con herramientas de piedra, con una población estable de unas cien mil personas. El descubrimiento de las tribus danis se produjo en el año 1938 por el norteamericano Richard Archbold, sorprendiéndose al encontrar una civilización anclada en la edad de piedra, como se debía de haber vivido en la Europa del Paleolítico Superior. Hasta ese momento las tierras del interior rodeadas de montañas inexpugnables se creían deshabitadas, se pensaba que nadie podía vivir en aquellas alturas. Tanto por el norte como por el sur, altos farallones de más de tres mil metros ocultaban los valles del interior.

Los danis, prósperos agricultores sedentarios con una sociedad bien estructurada y desarrollada a lo largo de los valles del Baliem, desde siempre tuvieron que luchar para sobrevivir defendiéndose de los vecinos. Hasta hace pocos años los danis no conocían el tejido, ni la escritura, ni mucho menos el metal.

La foto de esta familia de cazadores, la tomé en el trayecto hacia el Trikora en la cordillera de Jayawijaya. Debían de ser expertos cazadores, porque en todo el recorrido de varios días, no vi ningún animal.

59.- Acampados en la gruta de Samalek a ---- m.

Nosotros solo vimos la parte positiva de estos hombres, los quince porteadores que nos acompañaron durante días por las montañas fueron las personas más amables, generosas y hospitalarias que hemos conocido.

Nuestro recuerdo está invadido por la nostalgia de un pueblo integro, al que le queda poco tiempo para vivir ajeno a otras culturas. Justinus Babi fue nuestro guía hasta la cueva de Samalek, al pie de la ruta que lleva hasta la base de la montaña. Justinus y sus porteadores nos facilitaron casi todo, si no es por ellos no hubiésemos encontrado la montaña, ya que las nubes nos la ocultaron, durante toda la aproximación.

La foto de los danis está tomada en la cueva de Samalek. Nuestros porteadores en cuanto se paraban hacían un fuego, pues la temperatura era baja y no tenían ropa de abrigo. Así había sido siempre y es como se defendían de los rigores del frío de la altura.

60.- Pared del Punkat Trikora 4.750 m.

Escalé la montaña con César P. de Tudela y Jules Steguard, dos buenos compañeros, fue el único día que vimos el sol y la bonita pared.

La escalada resultó muy interesante, la caliza era de una adherencia sorprendente y aunque la pared era bastante vertical, la ruta no resultó difícil, incluso tuvimos que superar un techo que con tantos agarres lo pudimos pasar sin especiales esfuerzos. Superado el techo llegamos a la cresta. Desde la arista caminamos hasta la base de la pirámide cimera y en dos largos llegamos a la cumbre. Me sorprendió que fuera tan pequeña e inclinada, muy incómoda para estar, solo cabía uno de nosotros. Hicimos las fotos de rigor en medio de la niebla que iba cubriendo la montaña y rapelamos. Fuimos destrepando por la normal, alternando un par de rápeles en los lugares más verticales. Habíamos abierto una nueva ruta a la que llamamos "Pista Central" V+. En el largo descenso no paramos ni a beber, tampoco habíamos comido desde las cinco de la mañana. Llegamos a las seis de la tarde a la cueva de Samalek ya de noche y francamente cansados.

61.- Descenso del Trikora.

La foto con Jules da una idea de la cresta y el ambiente de la montaña.

Al día siguiente caminamos en una sola jornada, lo que habíamos recorrido a la ida en tres, otras doce horas bajo una intermitente lluvia. Llegué mojado y muy cansado, aquella noche rematé la jornada con una ducha a la intemperie cogiendo un importante constipado.

62.-Porteador Dani

Subir al Trikora fue una auténtica aventura en un territorio muy hostil. No encontramos animales, ni ganado en los amplios pastos de los valles inmensos que atravesamos. La naturaleza era primigenia manteniendo la vegetación como debió de ser en el resto del mundo en la edad de piedra. Ese territorio de irían Jaya y sus primitivos habitantes tienen los días contados. Los colonos indonesios han superado a la población autóctona transformando aquella sociedad de agricultores, en ciudadanos de segunda clase, parecido a lo que está sucediendo en el Tíbet.

Dos años después de nuestra aventura, viajó mi hermano Carlos a Wamena y comprobó tristemente que los cambios avanzaban a buen ritmo.

En la fotografía uno de nuestros porteadores camina hacia la montaña envuelta por negros nubarrones. Va desnudo como todos los danis de los pueblos del valle, no así los de la capital que van vistiendo con la ropa encuentran. Lleva una tirita que le proporcionamos en una herida. Le regalamos una camiseta que la reservaba para abrigarse por la noche.

63.- Macizo del Sinaí, desde la cumbre del Jebel Musa (2.285 m)

MONTE SINAI (JEBEL MUSA). EGIPTO -2000-

Parecía imposible subir montañas en Egipto, pero es factible, solo hay que buscar en la geografía de los países porque siempre puede aparecer alguna montaña y las del Sinaí no defraudan.

Viajamos en autobús de línea hasta el pueblo de Santa Catalina en la península del Sinaí y al día siguiente salimos caminando hacia el Monasterio de Santa Catalina.

El monte Sinaí es el lugar donde, según la Biblia, Dios entregó a Moisés los Diez Mandamientos. No es la máxima elevación de la península del Sinaí, ya que este honor lo ostenta el monte Catalina. Al monte Sinaí se le conoce en árabe como Jebel Musa, que significa monte de Moisés.

La montaña tiene un aire a la Pedriza, el granito rosado y algunos domos recuerdan al Yelmo. La subida fue larga, pero cómoda y el paisaje compensaba cualquier esfuerzo. Hacia el mediodía ganamos la cumbre de aquella montaña santa, el Sinaí. Ahora se alza en aquel paraje una iglesia de dimensiones modestas ya que el propio enclave, es decir, la cúspide del monte, no es demasiado espaciosa; el templo, no obstante, posee en sí mismo una gran armonía.

La montaña del Sinaí, es un lugar ideal para la escalada y un paraíso para unos escaladores que les guste abrir vías y la soledad. Actualmente se requiere guía en algunas áreas.

64.- Jebel Rum 1.854 m.

JEBEL RUM. Wadi Rum. Jordania 1999

Varias secuencias de la película Laurence de Arabia están rodadas en el Wadi Rum y para una de las tomas más espectaculares en esos inmensos territorios, el Rey Hussein de Jordania colaboró con el director David Lean proporcionando un regimiento de camelleros y otro de caballería. Desde que vi la película, hablar de Jordania era para mí sinónimo de los desiertos que contemplé en el filme. También pensé durante tiempo e incluso llegué a fijar fecha, en el año 1995, para escalar en las verticales paredes de arenisca del Jebel Rum, pero esa es otra historia que por diversas circunstancias no llegó a cuajar.

El Wadi Rum es un valle desértico en una región montañosa de granito y arenisca en el sur de Jordania. El punto más elevado es el Jebel Rum que recibe al visitante con su impresionante mole y su vertical pared, al pie del pueblo de Rum.

65.- Desierto de Wadi Rum

Desde 1984 los escaladores acuden a esta zona y en nuestra visita, pude observar al atardecer la escalada de dos cordadas en el Jebel Rum y cerca del final de la vertical ruta rapelaron con las últimas luces del día. Creo que hicieron bien, porque cuando se puso el sol la temperatura bajo a dos o tres grados sobre cero.

Después de una noche fría pero confortablemente abrigados en la tienda de campaña, salimos temprano a caminar por lugares solitarios, atravesando varios valles. Nos internamos por el Wadi Farasah para seguir por el Wadi Num y salimos por el Wadi Siyyagh. En todo el día solo vimos a lo lejos a una pareja de beduinos caminando, tirando del ronzal de un camello.

Sentí dejar aquellos extraordinarios paisajes sin haber podido escalar el Jebel Rum, me quedó la esperanza de encontrar algún día un compañero dispuesto a acompañarme y regresar. El tiempo ha pasado inexorable sin haber podido realizar un segundo viaje para escalar. Sin embargo, mi hijo si ha podido realizar el proyecto y disfrutado escalando en aquella arenisca roja.

66.- territorio de Tamkasae

TAILANDIA -2012-

Ríos caudalosos y montañas cubiertas de exuberante vegetación, atraen a cualquier montañero que se proponga hacer alguna ascensión.

He conocido montañas exuberantes en Brasil, como la Sierra de los Orgaos, pero el desconocimiento de cualquier senda que llevase a alguna de las cumbres me hizo dar la vuelta. También me ocurrió lo mismo en Cuba y Tailandia. Esas montañas bajas presentan todas las dificultades que uno se pueda imaginar. Avanzar con vegetación impenetrable, es asunto de titanes. Hay que conocer bien el terreno o tener guías de la zona que faciliten el acceso por los senderos apropiados.

Pero soñar con llegar a una de esas cumbres y contemplar el entorno, es lo que un viajero apresurado puede conformarse.

67.- Chimeneas de Hadas de Göreme. Capadocia

CAPADOCIA. TURQUÍA -2009-

Capadocia es una región de Anatolia Central, se caracteriza por tener una formación geológica única en el mundo y por su patrimonio histórico y cultural.

Desde hace miles de años, ha habido asentamientos humanos en la región. Algunas civilizaciones antiguas florecieron aquí, como la hitita o de otras regiones de Asia Menor; todas ellas han dejado su huella cultural en Capadocia. Las características geológicas del lugar han dado pie a sus paisajes. Su orografía, compuesta de la llamada toba calcárea ha adquirido formas caprichosas tras millones de años de erosión y es lo suficientemente estable como para permitir que el ser humano construya sus moradas escarbando en la roca construyendo viviendas trogloditas, muchas de las cuales continúan habitadas.

La situación geográfica de Capadocia fue objeto de continuas invasiones. Los habitantes de la región construyeron refugios subterráneos, donde ciudades enteras podían refugiarse en el subsuelo y subsistir durante muchos meses sin arriesgarse a salir al exterior. Cuando estas ciudades subterráneas fueron usadas durante el cristianismo bizantino, algunas cámaras fueron adaptadas como templos y decoradas con iconografías en las paredes.

68.- Chimeneas de hadas

La región de Capadocia puede considerarse un círculo de cincuenta km de diámetro donde se encuentran numerosos pueblos. La población en el área no llega al millón de habitantes.

El paisaje único de Capadocia es el resultado de la acción de fuerzas naturales durante milenios. Paulatinamente, las depresiones fueron desapareciendo, transformando la región en un altiplano. Sin embargo, el mineral que las rellenó no es muy resistente a la acción de vientos, lluvias, ríos y diferencias de temperatura, por lo que la erosión fue esculpiendo los numerosos valles como el de Göreme.

69.- Monte Fuji 3.776 m.

FUJISAN. JAPÓN -2018-

Siempre me atrajo la silueta escarpada y piramidal del monte Fuji, pero Japón estaba muy lejos y cuando he podido viajar al país, no era la época de las ascensiones al Fujisan. Había que elegir entre buena temperatura para hacer turismo y conocer ese fascinante país que es Japón o sufrir las inclemencias del calor y la humedad para subir al volcán. Elegí la primera opción y me quedé con el pesar de no haber subido esta interesante cumbre.

El monte Fuji es el pico más alto de Japón. Se encuentra a 100 kilómetros al oeste de Tokio, desde donde se puede observar en un día despejado. El monte Fuji está situado al sur de los Alpes Japoneses, y desde el monte Komagatake, al que ascendí, se puede contemplar bastante cercano.

El nombre real es Fujisan, aunque popularmente se le conoce como Fujiyama. El monte Fuji forma parte del cinturón de fuego del Pacífico, está clasificado como un volcán activo, pero con poco riesgo de erupción.

La fotografía está sacada desde monte Komagatake un día en que las nubes jugaban al escondite con el Fujisan. Desde el monte donde nos encontrábamos se descubría algunos momentos y nos hacía permanecer atentos para poder llevar con nosotros su recuerdo.

70.- Bosques de Toshogu

Debido a la gran altitud de la cumbre del monte Fuji, gran parte de la montaña está más allá del piso alpino, donde el clima es muy frío y ventoso. Esa dureza del clima mantiene la nieve que cae durante el invierno y se prolonga hasta mayo. La ascensión al monte Fuji es relativamente fácil, a pesar de que se puede complicar debido a la gran distancia entre el punto de partida y la cumbre. El periodo más apropiado para escalarlo es en los meses de julio y agosto, cuando se abren refugios y otros servicios turísticos. En cualquier otro período, los senderos y las cabañas de montaña se cierran.

Debido a su perfil montañoso excepcionalmente simétrico, el monte Fuji, es una montaña sagrada y símbolo del Japón.

71.- Damavand 5.670 m

DAMAVAND. IRÁN -2019-

Después de la visión del monte Fuji, me quedé con ganas de intentar alguno de los tres volcanes de más de cinco mil metros que me atraían por su silueta, historia y localización. Contaba con dos buenos amigos Paco y África.

El primero de la lista era el Monte Kenia, pero cuando estábamos inmersos en la preparación del viaje, hubo un atentado en un hotel de Nairobi. El segundo pico era el Elbrus, la montaña más alta de Europa, situada en el Cáucaso ruso y por último el Damavand en Irán. Nos decantamos por este último, por las maravillas que encierra el país.

El Monte Damavand es el pico más alto de Irán y el volcán más alto de Asia. Está en medio de la cordillera de Alborz, cerca de la costa sur del mar Caspio, a sesenta y seis kilómetros al noreste de la ciudad de Teherán.

El Damavand es un volcán potencialmente activo, su cono empinado está coronado por un pequeño cráter y llegando a él hay que pasar por varias fumarolas que emiten azufre. El monte Damavand está representado en el reverso del billete iraní de 10.000 riales.

72.- Bargah Sevom Camp III a 4.220 m

Hay al menos existen dieciséis rutas a la cumbre, con diferentes niveles de dificultad. La más popular es la ruta del sur que tiene un campamento y un refugio a mitad de camino llamado Bargah Sevom Camp III a 4.220 m. Nosotros abordamos esta ruta haciendo noche en Polour donde se encuentra un refugio de la Federación Iraní de Montaña, a 2.000. de altitud. Al día siguiente subimos en un todoterreno hasta el Campo II a 3.000 m. y desde allí caminamos cuesta arriba, sin descanso hasta los 4.200 m del refugio Bargah Sevom. Me costó llegar hasta el refugio, estos picos de más de cinco mil metros son muy duros para hacerlos sin ninguna aclimatación previa en dos días.

Mis amigos hicieron cumbre y bajaron contentos de la experiencia, pero me dijeron que, en los últimos doscientos metros, también pagaron la falta de aclimatación, teniendo que esforzarse para llegar. Ellos son jóvenes, fuertes y bien entrenados, sabiendo lo que es la altura.

A los setenta y un años cumplidos me satisfizo la experiencia, y me di cuenta que esos grandes esfuerzos ya no están en mi mano, pero todavía puedo enfrentarme a retos como el superar los 4.200 metros en una jornada, subiendo una cuesta empinada e interminable en cinco horas y media. Las dos noches pasadas en la mitad de la montaña, con un paisaje infinito, frente a las montañas de la cordillera Alborz, quedan en mi recuerdo como un tesoro.

73.- Desierto de Maranjab, al fondo la montaña Chah Badam.

La última fotografía, está tomada en el desierto de Maranjab, también en Irán, con las montañas Chah Badam y Chah e Rhowsan al fondo.

Nos acercamos una tarde desde Jazd a este desierto cercano a la ciudad. Los desiertos de dunas tienen un encanto que han sabido aprovechar bien los cineastas, por algo será.

Los matices de luz al atardecer es el mejor momento para contemplar el ambiente especial de ese lugar. En primer término, las sombras reflejan en la duna el relieve que ha dibujado el viento, semejante a las arenas de una playa.

Al fondo aparecen las montañas Chah Badam recibiendo la intensa luz del sol momentos antes de que el astro pierda fuerza en el horizonte e las inunde con esos tonos anaranjados del crepúsculo.

La soledad está muy bien reflejada, en los alrededores del Carabanserai de Marajnab.

Una vez más, el viajar y conocer otros países, proporcionan muchas satisfacciones. Este ha sido el caso de Irán. Descubrir las montañas de ese interesante país, ha sido uno de los mayores placeres de estos últimos años. Irán lo tiene todo, paisajes sorprendentes, monumentos espectaculares y una cultura que se pierde en la noche de los tiempos.

Printed in Great Britain
by Amazon

75356069R00088